BEI GRIN MACHT SICH IHR WISSEN BEZAHLT

- Wir veröffentlichen Ihre Hausarbeit, Bachelor- und Masterarbeit

- Ihr eigenes eBook und Buch - weltweit in allen wichtigen Shops

- Verdienen Sie an jedem Verkauf

Jetzt bei www.GRIN.com hochladen und kostenlos publizieren

Sabine Busch-Frank

Der Antisemitismus in den 'Meistersingern' von Richard Wagner

GRIN Verlag

Bibliografische Information der Deutschen Nationalbibliothek:

Die Deutsche Bibliothek verzeichnet diese Publikation in der Deutschen National-
bibliografie; detaillierte bibliografische Daten sind im Internet über http://dnb.d-
nb.de/ abrufbar.

Impressum:

Copyright © 1998 GRIN Verlag GmbH
Druck und Bindung: Books on Demand GmbH, Norderstedt Germany
ISBN: 978-3-640-20378-9

Dieses Buch bei GRIN:

http://www.grin.com/de/e-book/53917/der-antisemitismus-in-den-meistersingern-
von-richard-wagner

GRIN - Your knowledge has value

Der GRIN Verlag publiziert seit 1998 wissenschaftliche Arbeiten von Studenten, Hochschullehrern und anderen Akademikern als eBook und gedrucktes Buch. Die Verlagswebsite www.grin.com ist die ideale Plattform zur Veröffentlichung von Hausarbeiten, Abschlussarbeiten, wissenschaftlichen Aufsätzen, Dissertationen und Fachbüchern.

Besuchen Sie uns im Internet:

http://www.grin.com/

http://www.facebook.com/grincom

http://www.twitter.com/grin_com

Der Antisemitismus in den „Meistersingern" von Richard Wagner
Referat und Ausarbeitung
- Hauptseminar -

GLIEDERUNG

AUSFÜHRUNG

1.   Wagners Verhältnis zu Juden

Richard Wagners Verhältnis zum Judentum zeigt sich zunächst in seinem
Privatleben und in seinem Bekanntenkreis als sehr offen und durchaus positiv:
Vom jüdischen Musiker Meyerbeer erfuhr er während seiner Pariser Zeit (1839 -
1842) erhebliche Unterstützung, der jüdische Philologe Samuel Lehrs war ein
enger Freund der Pariser Zeit, der Pianist und Komponist Karl Tausig, der
Musikschriftsteller Heinrich Porges, der Pianist Josef Rubinstein, Hermann Levi,
der Dirigent des ersten Parsivals und Angelo Neumann, der Mann der das
„Ring"- Tourneetheater durchführte, waren eng mit Wagner befreundet - und
Juden. Gegen dieses Bild vom Judenfreund sprechen natürlich Wagners
antisemitische Äußerungen. Einige Antisemitismen wurden von Cosima
überliefert:
So nahm Wagner zum Beispiel beim Brand des Wiener Ringtheaters (mit vielen
jüdischen Opfern) Hitlers Gedanken der „Endlösung der Judenfrage" vorweg,
wenn er anregt, alle Juden in einer Vorstellung von Lessings „Nathan" zu
verbrennen. [1]
Doch schlimmer als dieser „Privatantisemitismus", der bis zur Veröffentlichung
der Tagebücher Cosimas ziemlich unbekannt und somit kaum prägend

---

[1] Katz J. „Richard Wagner. Vorbote des Antisemitismus" Königstein/Ts, 1985, S. 148

1

gewesen sein dürfte, ist das Pamphlet, das Wagner mit „Das Judentum in der Musik" (1850 unter dem Pseudonym K. Freigedank) veröffentlichte.
Dort stellt er verschiedene antisemitische Thesen auf:

Es bestünde eine unbewusste Empfindung im Volke, die sich als Abneigung gegen das jüdische Volk äußere. Seine Vorwürfe gegen das Judentum kritisieren deren finanzielle Vormacht, ihre angebliche Uneignung zur Kunst, (auch als künstlerisch Abgebildeter!), ihre – so Wagner - abstoßende Sprache:

„In dieser Sprache, dieser Kunst kann der Jude nur nachsprechen, nachkünsteln, - nicht wirklich redend dichten oder Kunstwerke schaffen."[2]

Weiter schreibt Wagner: „Steigert der Jude seine Sprechweise [...] gar zum Gesang, so wird er uns damit geradewegs unausstehlich."[3]
Als Beispiele führt Wagner Mendelsohn, Meyerbeer (Ungenannt) und Heine an. Die Lösung, die Wagner allen Juden empfiehlt ist „aufhören, Jude zu sein"[4] Seiner Meinung nach kann dieses Ziel in einem harten Kampf erreicht werden. Daher sein Appell:

„Nehmt rückhaltlos an diesem selbstvernichtenden, blutigen Kampfe teil, so sind wir einig und untrennbar! Aber bedenkt, dass nur Eines Eure Erlösung von dem auf Euch lastenden Fluche sein kann, die Erlösung Ahasvers:
Der Untergang!"[5]

Diese geballte Ansammlung von Vorurteilen, die Wagner mit der scheinbaren Kompetenz des Kunstschaffenden gibt, offenbart natürlich eine starke antisemitische Tendenz.

---

[2] Wagner, R „Die Kunst und die Revolution. Das Judentum in der Musik. Was ist deutsch?", (Hrsg. Tibor Kneif), München 1975, S. 58.
[3] S.o. S. 60
[4] S.o. S. 70
[5] S.o. S. 77

Allerdings befindet er sich seinerzeit damit in „bester" Gesellschaft: Auch Luther, die Grimms, Goethe, Maria Theresia, Voltaire[6] und andere Geistesgrößen waren sich nicht zu schade für antisemitische Hetze.

Doch entschuldigen lässt sich Wagners Antisemitismus natürlich auch damit nicht. Der einzige Unterschied zum Antisemitismus des dritten Reiches ist, dass Wagner den Juden die Assimilation empfiehlt, um sich so aus der rassenbedingten Determinierung zu lösen. Bei den Rassentheoretikern des dritten Reiches ist das nicht möglich: da blieb nur die „Endlösung" als Ausweg. Dass Wagner nach seinen überlieferten Schriftdokumenten Antisemit war, wird niemand leugnen. Doch floss diese Haltung auch in seine Werke ein?

Am Beispiel der „Meistersinger" soll das überprüft werden.

2. Die „Meistersinger von Nürnberg" - ein antisemitisches Stück?

Dass die „Meistersinger" durchaus als antisemitisches Werk gewertet werden können, bestätigen zwei Kritiken, die überschrieben sind mit „Bösartige Judenkarikatur" und „Deutschtümelei, nicht zu retten". Dort heißt es:

„Wer sich heutzutage an dieses durch Deutschlands jüngste Geschichte stark belastete Stück wagt, muss in seiner Inszenierung nachweisen, warum ausgerechnet er dieses Stück hier und heute inszeniert. (…) … ein Stück zur Unzeit, nicht zu retten aufgrund der ideologischen Lasten des Textbuches, das auf der herrlichen Musik liegt wie Bleigewicht"[7]

Auf der Suche nach dramaturgischen oder textlichen Elementen der „Meistersinger", die als Antisemitismus gewertet werden können, kristallieren sich in der Literatur bald Einschränkungen heraus - schließlich fällt in der ganzen Oper nicht einmal das Wort „Jude". Also muss der Antisemitismus, der nachgewiesen werden soll, immanent im Werk zu finden sein.

---

[6] Prawy M. „<<Nun sei bedankt…>>. Mein Richard-Wagner-Buch" München 1982, S. 43
[7] Zeitschrift „Musik & Theater"(7/8 1993)

2.1. Sachs als Rassentheoretiker ?

Ein Argument, mit dem Vertreter der Theorie des Antisemitismus ihre Ansicht begründen, ist die Schlussansprache Hans Sachs im 3. Akt.

Im Gegensatz zur Urfassung von 1862[8], wo noch die Meistersinger als versöhnendes Element zwischen den streitenden Zünften geschildert wurden, warnt Sachs in der endgültigen Fassung schließlich vor „welschen Dunst" und „welschem Tand"[9] und schlägt somit sehr patriotische Töne an, wenn er „die heil'ge deutsche Kunst" als höchsten und beständigsten aller Werte rühmt. Für heutige Zuhörer weckt dies natürlich den unangenehmen Beigeschmack vom Patriotismus des Nationalsozialismus und dem nahezu krankhaften Abgrenzungszwang der damaligen Deutschen gegen andere „Rassen" - ein Faktor, der letztendlich Vertreibung und Konzentrationslager nach sich zog. Doch für Wagner stand nicht die Schöpfung einer Nationaloper im Vordergrund, vielmehr ging er vom Projekt der komischen Oper aus.

Die politische Komponente, die im Schlussteil zum Tragen kommt, kann sich natürlich nicht auf den Nationalsozialismus beziehen sondern schlicht auf die politische Situation zur Entstehungszeit der Meistersinger. Aufschluss bietet dabei ein Brief Richard Wagners an seinen Gönner König Ludwig II von Bayern:

„...wer ein Herz hat, begreift heute, was es mit diesen „Meistersingern von Nürnberg" für ein Bewenden hatte, die ihr Schöpfer in schlimmster Zeit deutschen Verrates entwarf, und mit denen er nun den einzigen deutschen Fürsten begrüsst, der ihn und in ihm den deutschen Geist begreift. Glauben Sie, das wird ein harter Tag für Graf Bismarck und den norddeutschen Bund, aber ein hoher, schöner für Ludwig den Deutschen und seinen Richard werden! Ich weiss es, ich sehe es! Drum Geduld: „Getrost in Tat und Werk! - Hier meine Hand: Wir siegen!"[10]

---

[8] Vgl hierzu Bott G. „Die Meistersinger von Nürnberg. Die Rezeptionsgeschichte einer Oper von 1868 bis heute", S. 68

[9] Csampari A. und Holland D. (Hrsg) „Richard Wagner. Die Meistersinger von Nürnberg. Texte, Materialien, Kommentare" Hamburg 1987, S. 138

[10] Bott G. „Die Meistersinger von Nürnberg. Die Rezeptionsgeschichte einer Oper von 1868 bis heute", S.65

Ludwig II und Richard Wagner hatten sich eine eigene Deutung der Meistersinger zurechtgelegt, in der Ludwig sich mit Walther von Stolzing und Wagner mit dem weisen Hans Sachs identifizierte.

Dazu noch ein Brief Ludwigs an Wagner (aus Nürnberg):

„An Hans Sachs !
Vor zwei Stunden hier eingetroffen, beispielloser Jubel!
Von hier aus wollen Deutschland wir erlösen,
Wo Sachs gelebt und Walther siegreich sang.
In Trümmer sinkt das nicht'ge Werk der Bösen,
Das tück'sche Spiel den Finstern nicht gelang.
Durch Dich erhebt er sich, der ach so tief gesunken,
Der einst so allgewaltig deutsche Geist,
Dein Odem fachet Flammen aus den Funken,
Dein Zauberwort ihn neu entstehen heisst.
Dir, der in Segenswerk den „Wahn" gewendet,
Sei trauter Gruss von Walther heut entsendet,
                          Walther von Stolzing"

Die Sachs-Ansprache kann also direkt auf König Ludwigs politische Ziele übertragen werden und so als ein Seitenhieb Wagners gegen das feindliche Italien verstanden werden, eine nationalistisch-antisemitische Tendenz lässt sich aber nicht eindeutig nachweisen.

2.2. Beckmesser als verfolgter Jude ?

Wichtigstes Argument derer, die in den Meistersingern antisemitisches Gedankengut sehen wollen ist die Figur des Beckmessers. Diese Figur hieß in Frühfassungen „Veit Hanslich" und wies so deutlich auf Eduard Hanslick, einen

Wiener Kritiker Wagners hin. Hanslick wurde von Wagner für einen Juden gehalten (was nicht eindeutig bewiesen ist[11]), was die Formung einer typisch jüdischen Theaterfigur nahe legen würde. Die Sprech- bzw. Singweise soll der in Wagners „Das Judentum in der Musik" geschilderten typisch jüdischen Diktion nachgearbeitet sein und der Gesang des Preisliedes dem Synagogengesang nachempfunden worden sein. Vom wohl wichtigsten Verfechter des Wagnerschen Antisemitismus, Theodor Adorno, sei an dieser Stelle ein längeres Zitat wiedergegeben:

„Der Gold raffende, unsichtbar - anonyme, ausbeutende Alberich, der achselzuckende, geschwätzige, von Selbstlob und Tücke überfliessende Mime, der impotente intellektuelle Kritiker Hanslick-Beckmesser, all die Zurückgewiesenen in Wagners Werk sind Judenkarikaturen. Wie sie den alten deutschen Judenhass aufrühren, so scheint zuweilen die Romantik der Meistersinger im Klang Schmähverse vowegzunehmen, die erst 60 Jahre später auf den Strassen gellten:»Edler Täufer, Christs Vorläufer, nimm und freundlich an, dort am Fluss Jordan«"

Diesen Vorwürfen soll nun der Reihe nach nachgegangen werden:
TONBEISPIEL 1: „Den Tag seh ich erscheinen"

Synagogengesang ist von häufiger Verwendung von Prim und Sekund gekennzeichnet, Beckmesser verwendet aber vor allem Quarten. Beckmesser persifliert damit und mit der Zertrennung von Worten eher die italienische als die jüdische Manier (so Scholz)- was in Verbindung mit dem „welschen Tand" aus Sachs Schlussansprache durchaus Sinn gibt.
Die „typisch jüdische Diktion" soll anhand des Dialogs zwischen Sachs und Beckmesser zu Beginn des 3. Aufzugs überprüft werden:

---

[11] Katz J. „Richard Wagner. Vorbote des Antisemitismus" Königstein/Ts, 1985, S. 103

TONBEISPIEL 2: „Das Gedicht? Hier ließ ich`s"

In diesem Zusammenhang muss nochmals ein Bruchstück aus dem Wagner-Pamphlet „Das Judentum in der Musik" zitiert werden:

„Als durchaus fremdartig und unangenehm fällt unserem Ohr zunächst ein zischender, schrillender, summsender und mucksender Lautausdruck der jüdischen Sprechweise auf: eine unserer nationalen Sprache gänzlich uneigentümliche Verwendung und willkürliche Verdrehung der Worte und Konstruktionen gibt diesen Lautausdrucke vollends noch den Charakter eines unerträglich verwirrten Geplappers..."[12]

An gleicher Stelle heißt es außerdem:

„Hören wir einen Juden sprechen, so verletzt uns unbewusst aller Mangel rein menschlichen Ausdruckes in seiner Rede: die kalte, labernde Gleichgültigkeit in ihr steigert sich bei keiner Veranlassung zur Erregtheit höherer, herzdurchglühter Leidenschaft"

Beide Merkmale, die fremde, schrille Sprechweise und die Leidenschaftslosigkeit, weist Beckmesser nicht auf.
Der nächste Vorwurf ist die Nähe einiger Verse zu Spottversen aus nationalsozialistischer Zeit.
TONBEISPIEL 3: „Da zu dir der Heiland kam"
Dieses Lied wird normalerweise als Choral bezeichnet und die Verbindung vom Choral zum Spottlied lässt sich weder musikalisch noch thematisch begründen. Eine solche These würde nach sich ziehen, dass nahezu sämtliche Texte aus dem evangelischen Kirchengesangbuch zu Vorläufern antisemitischer Hetze degradiert werden müssten.

---

[12] Wagner, R „Die Kunst und die Revolution. Das Judentum in der Musik. Was ist deutsch?", (Hrsg. Tibor Kneif), München 1975, S. 59

Das wichtigste Argument aber, das zugleich die Prämisse für die anderen Vorwürfe war, ist das Vorbild für die Rollengestaltung Beckmessers in dem historischen, womöglich jüdischen Wiener Kritikers Hanslick. Nach diesem war die Figur in den Jahren von 1861-1862 benannt. Doch schon von den ersten Entwürfen der Oper an und vor dem Zerwürfnis zwischen Hanslick und Wagner war eine Merkerfigur mit den uns heute bekannten Charakterzügen angelegt. Zudem spricht die Charakterisierung Wagners für einen ganz anderen Interpretationsansatz:

„Ich fasste Hans Sachs als die letzte Erscheinung des künstlerisch produktiven Volksgeistes auf und stellte ihn mit dieser Geltung der meistersingerlichen Spiessbürgergesellschaft entgegen, deren durchaus drolligem, tabulatur-poetischem Pedantismus ich in der Figur des „Merkers" einen ganz persönlichen Ausdruck gab."[13]
An Mathilde Wesendonk schreibt er am 3.2.1862:
„Ich empfehle Ihnen Herrn Sixtus Beckmesser. Auch David wird Ihre Gunst gewinnen." und „mit der ehrwürdigen Pedanterie dacht ich mir den Deutschen in seinem wahren Wesen, in seinem besten Licht."[14]
Diese Zitate belegen eine Charakterisierung Beckmessers als durchaus sympathische Figur, die weniger das „typisch Jüdische" als das „typisch Deutsche" darstellen soll.

2.3. Sicht des Judentums in den Meistersingern

Ein wichtiger Punkt wird beider Suche nach antisemitischen Elementen in den Meistersingern oft vernachlässigt: Es werden ja jüdische Personen erwähnt und diese haben durchaus dramaturgische Funktion:
Zunächst ist Johannes der Täufer zu erwähnen, der als Jude geboren wurde und dies bis zur Taufe durch Jesus blieb. Diese biblische Gestalt und das ihr geweihte Glaubensfest sind dramaturgische Vorgaben des Stückes, der Kontrast zwischen der wilden Johannesnacht und dem heiligen, die Ordnung

---

[13] Wagner, Richard „Eine Mitteilung an meine Freunde" 1851
[14] So Wagner 1873, zitiert nach Scholz

wiederherstellenden Johannistag ein die Handlung bestimmender Faktor. Der Jude Johannes hat also durchaus wichtige und positiv prägende Form in den „Meistersingern".

Die andere jüdische - da alttestamentarische – Figur, die im Kontext des Librettos Erwähnung findet, ist die des israelischen König Davids. An ihn fühlt sich Eva von Stolzing erinnert:

EVA:

„Das eben schuf mir so schnelle Qual,

dass ich schon längst ihm im Bilde sah!

Sag, trat er nicht ganz wie David nah?"

MAGDALENE: (höchst verwundert)

„Bist du toll? Wie David?"

EVA:

„Wie David im Bild."

MAGDALENE:

„Ach! - Meinst du den König mit der Harfen

und langem Bart in der Meister Schild ?"

EVA:

„Nein! Der, dess' Kiesel den Goliath warfen,

das Schwert im Gurt, die Schleuder zur Hand,

das Haupt von lichten Locken umstrahlt,

wie ihn uns Meister Dürer gemalt!"

Hier ist also eine jüdische Figur Zeichen für die alte Gilde der Meistersinger (schließlich ist er auf ihrer Fahne dargestellt) und den neuen Stil Walthers - sicher kein Argument für eine antisemitische Haltung in den Meistersingern.

3. Die Wirkungsgeschichte der Meistersinger im „Dritten Reich"

Dass Wagners Werk im sogenannten "Dritten Reich" von besonderer Bedeutung war, liegt besonders in der Wagnerverehrung Adolf Hitlers. Er pflegte engen Kontakt mit der Wagnerfamilie (besonders mit Winifred Wagner) und bezeichnete „Rienzi" als seine Lieblingsoper - zu seinen Lieblingswerken zählte aber auch die „lustige Witwe".

Wagnermusik war für die Menschen im Nationalsozialismus allgegenwärtig - Wochenschau, Rundfunkmeldungen, Reichsparteitag, Parteikongresse - alles war wagnerbegleitet. Auch berichten überlebende KZ-Häftlinge von Tötungen zu Wagnermusik (und zu den Klängen von Srauss-Walzern). Dennoch nahm die Zahl der Wagnervorstellungen von 1815 (im Jahre 1911/12) auf 1003 (1940/41) ab, was sicher auch eine Kostenfrage war. Die meistgespieltesten Werke unter Hitler waren der „Freischütz", „Tosca" und „Verdi"- Werke - alles ohne Konsequenz für den Opernkenner von heute.

Schluss

Ob man also die „Meistersinger" vor allem den „Beckmesser" als Oper gewordenen Niederschlag von Wagners erwiesenem Antisemitismus sehen darf, muss bezweifelt werden. Auf jeden Fall liegt der Antisemitismus nicht im Werk selbst begründet, sondern in der Person und den Äußerungen seines Schöpfers und der Rezeptionsgeschichte. Dennoch – oder vielleicht gerade deswegen – verdirbt es manchem Opernbesucher den Theaterbesuch, wenn er im Kontext der „Festwiese" im Dritten Aufzug von der Hauptfigur Hans Sachs hört:

„Ehrt Eure deutschen Meister – dann bannt Ihr gute Geister".

LITERATUR:

1. Bott G. (Leiter des Germanischen Nationalmuseums, das als Herausgeber fungiert) „Die Meistersinger von Nürnberg. Die Rezeptionsgeschichte einer Oper von 1868 bis heute" o.O. o. J. (Kommentar zu einer Ausstellung vom 10.7. bis 11. 10. 1981)

2. Csampari A. und Holland D. (Hrsg) „Richard Wagner. Die Meistersinger von Nürnberg. Texte, Materialien, Kommentare" Hamburg 1987

3. Katz J. „Richard Wagner. Vorbote des Antisemitismus" Königstein/Ts, 1985

4. Metzger H.-K. und Ruhn R. (Hrsg.) „Richard Wagner. Wie antisemitisch darf ein Künstler sein ?" München 1981 (= Reihe Musikkonzepte der Edition text und kritik)

5. Prawy M. „<<Nun sei bedankt...>>. Mein Richard-Wagner-Buch" München 1982

6. Scholz D. „Richard Wagners Antisemitismus" Würzburg 1993

7. Wagner, R „Die Kunst und die Revolution. Das Judentum in der Musik. Was ist deutsch ?", (Hrsg. Tibor Kneif), München 1975

8. Zelinsky H. „Richard Wagner. Ein deutsches Thema", Berlin - Wien 1983